YUSUKE NAKAMURA CD ARTWORKS 2002–2021

ASIAN KUNG-FU GENERATION『崩壊アンプリファー』／2002

ASIAN KUNG-FU GENERATION『君という花』／2003

ASIAN KUNG-FU GENERATION『サイレン』／2004

　ASIAN KUNG-FU GENERATION『リライト』／2004

ASIAN KUNG-FU GENERATION『ソルファ 2004 ver.』挿絵／2004

ASIAN KUNG-FU GENERATION『アフターダーク』／2007

ASIAN KUNG-FU GENERATION『ワールド ワールド ワールド』挿絵／2008

ASIAN KUNG-FU GENERATION『未だ見ぬ明日に』裏ジャケット／2008

ASIAN KUNG-FU GENERATION『サーフ ブンガク カマクラ』／2008

ASIAN KUNG-FU GENERATION『サーフ ブンガク カマクラ』中ジャケット／2008

ASIAN KUNG-FU GENERATION『マジックディスク』／2010

ASIAN KUNG-FU GENERATION『踵で愛を打ち鳴らせ』／2012

1 アイデアメモ

2 ラフ

3 下書き

4 線画

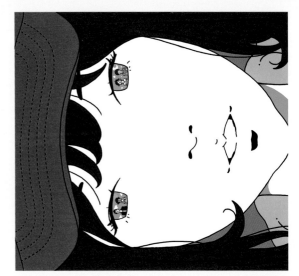

ASIAN KUNG-FU GENERATION『ホームタウン』挿絵／2018

アジアン カンフー ジェネレーション

サイレン

ワールドアパート

転がる岩、君に朝が降る

ループ&ループ

ファンクラブ

ワールドワールドワールド

崩壊アンプリファー

リライト

FAN CLUB

未だ見ぬ明日に

未来の破片

君の街まで

フィードバックファイル

藤沢ルーザー

君という花

ソルファ

或る街の群青

サーフ ブンガク カマクラ

君繋ファイブエム

ブルートレイン

アフターダーク

新世紀のラブソング

郵 便 は が き

63円切手を
お貼り
ください

1 0 1 0 0 0 3

東京都千代田区一ツ橋2-4-3
光文恒産ビル2F

(株)飛鳥新社　出版部　読者カード係行

フリガナ	性別　男・女
ご氏名	年齢　　　歳

フリガナ
ご住所〒

TEL　　　　（　　　　　）

お買い上げの書籍タイトル

ご職業　1.会社員　2.公務員　3.学生　4.自営業　5.教員　6.自由業
　　　　7.主婦　8.その他（　　　　　　　　　　　　　）

お買い上げのショップ名	所在地

★ご記入いただいた個人情報は、弊社出版物の資料目的以外で使用することは
ありません。

このたびは飛鳥新社の本をご購入いただきありがとうございます。
今後の出版物の参考にさせていただきますので、以下の質問にお答え下さい。ご協力よろしくお願いいたします。

■この本を最初に何でお知りになりましたか
　1.新聞広告（　　　　　　　　　新聞）
　2.webサイトやSNSを見て（サイト名　　　　　　　　　　　　　）
　3.新聞・雑誌の紹介記事を読んで（紙・誌名　　　　　　　　　）
　4.TV・ラジオで　5.書店で実物を見て　6.知人にすすめられて
　7.その他（　　　　　　　　　　　　　　　　　　　　　　　）

■この本をお買い求めになった動機は何ですか
　1.テーマに興味があったので　2.タイトルに惹かれて
　3.装丁・帯に惹かれて　4.著者に惹かれて
　5.広告・書評に惹かれて　6.その他（　　　　　　　　　　　）

■本書へのご意見・ご感想をお聞かせ下さい

■いまあなたが興味を持たれているテーマや人物をお教え下さい

※あなたのご意見・ご感想を新聞・雑誌広告や小社ホームページ上で
1.掲載してもよい　2.掲載しては困る　3.匿名ならよい

ホームページURL http://www.asukashinsha.co.jp

迷子犬と雨のビート

それでは、また明日

ソルファ

HOMETOWN
ホームタウン

ソラニン

ランドマーク

荒野を歩け

Dororo

ムスタング

今を生きて

解放区

マジックディスク

フィードバックファイル

ボーイズ&ガールズ

触れたい確かめたい

マーチングバンド

ブラッドサーキュレーター

踵ぐ愛を打ち鳴らせ

Re:Re:

ダイアローグ

ASIAN KUNG-FU GENERATION『リライト』オリジナルリメイク／2020

　ASIAN KUNG-FU GENERATION『AKG presents　NANO-MUGEN COMPILATION』／2005

ASIAN KUNG-FU GENERATION「AKG presents　NANO-MUGEN COMPILATION 2008」／2008

ASIAN KUNG-FU GENERATION『AKG presents　NANO-MUGEN COMPILATION 2014』／2014

ASIAN KUNG-FU GENERATION『映像作品集 3巻 Tour 酔杯 2006-2007 "The start of a new season"』／2007

ASIAN KUNG-FU GENERATION『映像作品集 6巻 ～Tour 2009 ワールド ワールド ワールド～』／2009

　ASIAN KUNG-FU GENERATION『映像作品集 10巻 デビュー10周年記念ライブ 2013.9.15 オールスター感謝祭』／2014

　ゲントウキ『鈍色の季節』／2003

ゲントウキ『素敵な、あの人。』／2003

ゲントウキ『いつものように』／2003

ゲントウキ『満たされて心は』／2004

さだまさし『天晴～オールタイム・ベスト～』／2013

セイルズ『Pink』／2011

スピッツ『三日月ロック（限定アナログ盤）』歌詞カード／2002

BEDTOWN『Abstract Documentary Girl』盤面／2005

坂本冬美『秋まつり、お月さま』／2006

つじあやの『COVER GIRL 2』／2008

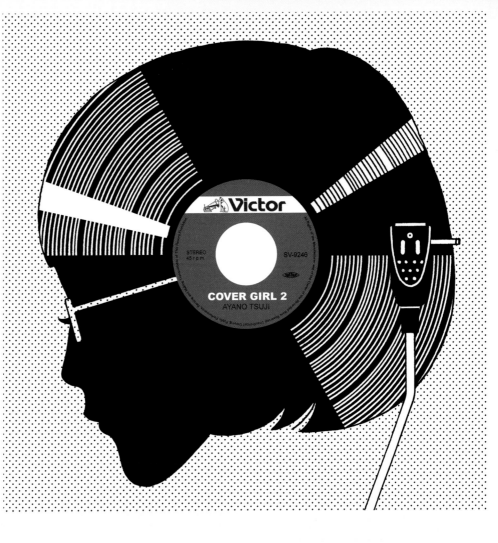

つじあやの『COVER GIRL 2』歌詞カード／2008　115

タイフーン・ミニスターズ『WORLD STANDARD』／2009

倖田來未『Love Me Back』mu-mo ショップ限定アザージャケット／2011

MIDNIGHT GARAGE

SIDE 1

FM8□2
meet the music on the radio

DJ.KOMAKI DOI

EVERY SATURDAY NIGHT
3:00 am - 6:00 am ON AIR !

STEREO

10th

Anniversary

Schroeder-Headz『Synesthesia』／2014

ASIAN KUNG-FU GENERATION

004 『崩壊アンプリファー』ジャケット

2002 ©Ki/oon Music

音の爆発をイメージした題名だが、彼らの内省的世界も表現するため、ビルの内部を爆破して崩壊させるような静かな激しさを、耳から出た煙で表現。ラフでは鼻血もありました。

005 『未来の破片』ジャケット

2003 ©Ki/oon Music

メジャー第一弾シングルということで、バンド名をイメージした荒ぶる中華風の世界にたたずむ歌詞にあるトカゲが未来の欠片をくわえて離さないという名刺的イラスト。

006 『君という花』ジャケット

2003 ©Ki/oon Music

マイナーコードのディスコナンバーなので、これも『崩壊』同様に鼻血とポイント色で静かな荒ぶりを表現。『破片』は『崩壊』と、これは次の『君繋』と同じ女性です。

007 『君繋ファイブエム』ジャケット

2003 ©Ki/oon Music

君と繋がりたいと同時に、別の君に囚われているような蜘蛛の糸のイメージ。実際『崩壊アンプリファー』と左右に繋がる絵にしています。服の柄は『破片』と同じもの。

008 『サイレン』ジャケット

2004 ©Ki/oon Music

歌詞通りの儚いイメージを表現したいと思い、白黒のみのジャケットに。とにかく色つきが定番だったメジャーのシングルとしてはかなりの冒険でした。

009 『ループ＆ループ』ジャケット

2004 ©Ki/oon Music

前作から真逆の、ロックバンドとしてはあり得ないくらいカラフルな曲通りのイラストに。雨上がり、梅雨明けのイメージなので紫陽花柄の浴衣を。

010 『リライト』ジャケット

2004 ©Ki/oon Music

現代社会や音楽業界のもどかしさに抗う虎。色はリライトされた白。観る人によって喧嘩にも組手にも見えるようなアンニュイな表情に。

011 『君の街まで』ジャケット

2004 ©Ki/oon Music

君の街まで飛んでいけるのか、そんな希望と不安の音楽に、絶滅危惧種であるトキを。「あの鶴のジャケット」とよく言われるほど、トキはもういない。

012 『ソルファ 2004 ver.』ジャケット

2004 ©Ki/oon Music

先行シングル4作と同様に円モチーフで、最後は闇を照らす太陽に。空想ばかりではない生活感を出すため、機材の形は正確に、日常でよく見かける種にしました。

013 『ソルファ 2016 ver.』ジャケット

2016 ©Ki/oon Music

『ソルファ』の再録盤は、へんにアレンジすることなく、芯だけ太くなった彼らがそのまま演奏する不思議な魅力があります。僕も同じように描きました。

014 015 『ソルファ 2004 ver. / 2016 ver. 』
挿絵（女の子）比較
©Ki/oon Music

ジャケットはほぼそのまま描いたので、こちらは少しアレンジして。服のギターは当時使用されていたマローダーから、最近使用されているレスポールジュニアに。

016 017 『ソルファ 2004 ver. / 2016 ver. 』
挿絵（メンバー）比較
©Ki/oon Music

各メンバーはシルエットだけでもさすがに12年分の変化が見える中、ベース・山田氏の不動の髪型に驚く。ただ僕も同じなので人のことは言えない。

018 『ブルートレイン』ジャケット

2005 ©Ki/oon Music

ここからまた少し音源のモードが変わったので、呼応するように深みのある色合いに。収録された4曲それぞれのキャラクターに電車ごっこしてもらいました。

019 『ワールドアパート』ジャケット

2006 ©Ki/oon Music

曲から「星の王子さま」のような印象を受けたため、小さな惑星が
それぞれ点在する世界に。チンパンジーは人類（地球）の象徴。前
作と同じ絞った塗り方で反対色に。

020 『ファンクラブ』ジャケット
021 『ファンクラブ』挿絵（ヘルメット）

2006 ©Ki/oon Music

アジカンのサイケ期に、今作はその代表であるビートルズ「リボルバー」、
次作は「サージェントペパーズ〜」をオマージュ。白黒化ではなく白
と黒のモチーフのみに。

022 『フィードバックファイル』ジャケット

2006 ©Ki/oon Music

B面集ということで、全てを振り返ってコインランドリーで洗い流し、
大草原のようなさわやかな気持ちになるよう。当時通っていた黄金
湯という銭湯をモデルに。

023 『或る街の群青』ジャケット

2006 ©Ki/oon Music

ときに都会は自由なようで、息も出来ないまま漂っている群青色の
海の中のよう。主題歌になったアニメ映画「鉄コン筋クリート」にも
同じテーマを感じました。

024 『アフターダーク』ジャケット

2007 ©Ki/oon Music

飛べないのなら、鳴き声を遠くまで飛ばし、アフターダーク（夜明け）
を告げるニワトリ。伊藤若冲のようなかっこいい鶏像に挑戦しました。
女の子はヒヨコ色。

025 『転がる岩、君に朝が降る』ジャケット

2008 ©Ki/oon Music

被毛に覆われていないため寒暖にとても弱いが、その分、眼差し
に強い印象を持つ猫・スフィンクス。毛糸玉のように転がし続けると、
岩にも生命が宿るのだろうか。

026 『ワールド ワールド ワールド』ジャケット
027 『ワールド ワールド ワールド』挿絵（ダイバー）

2008 ©Ki/oon Music

前述の『ファンクラブ』と色も構図も対に。前を向く音楽を表現する
ため、ノスタルジックではない現代的サイケアートを目指しました。
沈むビルは歌詞で示唆するWTC。

028 『ワールド ワールド ワールド』挿絵（オーケストラ）

2008 ©Ki/oon Music

『ソルファ』ラフ案のオーケストラアイデアのものをどこかできちんと
描きたいと思い続けていたところ、ちょうど指揮者の彼女にマッチ
したのでここで。

030 『未だ見ぬ明日に』ジャケット
032 『未だ見ぬ明日に』裏ジャケット

2008 ©Ki/oon Music

アジカン第一章の終了を告げるようなミニアルバムには、これまで
のジャケット全ての生き物を。別れを告げる列車に乗り込むのはメン
バーかファンか当時の僕の気持ちか。

033 『藤沢ルーザー』ジャケット

2008 ©Ki/oon Music

シンプルで粗さを残した音、目線が変化した詞というアジカン第二
章のスタートに勇気をもらい、僕も線のラフさを残し、色をシンプル
に、女性を成長させました。

034 『サーフ ブンガク カマクラ』ジャケット
035 『サーフ ブンガク カマクラ』中ジャケット

2008 ©Ki/oon Music

空気感を掴みに調査へ出かけた湘南で聞いた「この大仏さまに屋
根がないのは、昔津波に流されたから」というお話から。それでも
残った力強さはこのアルバムも同じ。

036 『新世紀のラブソング』ジャケット

2009 ©Ki/oon Music

『藤沢〜』からの流れのラフさと、未来の世界や、ラップの実験性を
表現するため、CMYK（印刷4原色）のみのカラーリングや新鮮な構
図を。

037 『迷子犬と雨のビート』ジャケット

2010 ©Ki/oon Music

服を着ていない女性で迷子犬の心細さを。メンバーもそれぞれの
犬種に。下にはそれまでのアルバムモチーフ、主題歌になった「四
畳半神話大系」の畳も。

038 『ソラニン』ジャケット
039 『ソラニン』歌詞カード

2010 ©Ki/oon Music

主題歌となった映画「ソラニン」の主役2人を、映画版と原作漫画
版と楽曲版を足して3で割った人物像に描きました。不安定な画
面の向きで物語を表現。

040 『マジックディスク』ジャケット

2010 ©Ki/oon Music

これまでの全ジャケットの要素を6面1枚に詰め込み、右端と左端でループする仕掛けもフィジカルならでは。全メンバーの名前も隠されております。

045 『マーチングバンド』ジャケット

2011 ©Ki/oon Music

ぐっと前向きに、生々しくなってきた音楽性を、冬の中に佇む少女の、いつもより濃い眉、赤らんだ鼻、漏れる息、そしてメンバー扮する向日葵に託しました。

046 『踵で愛を打ち鳴らせ』ジャケット

2012 ©Ki/oon Music

踵を鳴らす音が一番大きそうな象と、一番小さそうなバレリーナが踊るサーカス。より不思議に見えるよう、いつも以上に生活感のある建物を丹念に描きました。

047 『それでは、また明日』ジャケット

2012 ©Ki/oon Music

社会問題に対し、関心や発言はあれど、実際はなかなか動けないという楽曲テーマを、デパートの屋上にある子供用の電動遊具にまたがった騎手として表現。

048 『ランドマーク』ジャケット
049 『ランドマーク』中ジャケット

2012 ©Ki/oon Music

一見遠い社会も実は自分自身。クレーターの激しい月面をそれらの諸問題、着陸した自分を舞子として。「アビーロード」風メンバー。解散せずにどこまでも。

050 『今を生きて』ジャケット

2013 ©Ki/oon Music

映画「横道世之介」の主題歌。今の肯定としての結婚と、主人公の別の未来の願望も込め。高良健吾さんはソラニンから2度目。ミスしていた文字盤は今回修正。

052 『フィードバックファイル 2』ジャケット

2014 ©Ki/oon Music

2枚目のB面集、なので1枚目の牛を登場させ、その行列に一旦停車するも再び走り出し、どこまでも続いていくであろう彼らの未来の道を描きました。

053 『ブラッドサーキュレーター』ジャケット

2016 ©Ki/oon Music

アニメ「NARUTO」の主題歌ということで、荒ぶる妖狐と仲良く暮らす少女を、動脈の赤と静脈の青で。このとき僕も愛犬ぽんちゃんと一緒に暮らし始めました。

055 『Re:Re:』ジャケット

2016 ©Ki/oon Music

過去作の再録ということで『ソルファ』の彼女と動物たちをリテイク。僕の絵は左が未来、右が過去を象徴しており、人間特有の懐かしむ姿と実は進んでいる音楽性を。

056 『荒野を歩け』ジャケット

2017 ©Ki/oon Music

アニメ映画「夜は短し歩けよ乙女」主題歌として、原作小説の表紙と全く同じ色と共通モチーフで、曲に登場するまったく別のアジカン版"乙女"を描きました。

057 『ボーイズ＆ガールズ』ジャケット

2018 ©Ki/oon Music

実際の少年少女というより、大人の心にも宿る捨てきれない青さに向けた応援歌。その青が時に冒険心に、時に悲しみとなれど、夕焼けはいつも肩を抱く。

058 『ホームタウン』ジャケット
059 060 『ホームタウン』挿絵

2018 ©Ki/oon Music

誰もが故郷に見えるように、オーソドックスすぎて滅多に絵には描かれない風景を特別な色合いで描きました。またあたたかみを出すため線のゆらぎを活かしました。

061 『Dororo』ジャケット

2019 ©Ki/oon Music

アニメ「どろろ」の主題歌。ジャケットとしてはホームタウンからの連作で、そこから劇中の無常岬へ向かう百鬼夜行の列車。妖怪は怖さと可愛さをブレンド。

062 『触れたい 確かめたい』ジャケット

2020 ©Ki/oon Music

デュエットする男女のすれ違いを、くるくると交わることのない朝と夜、太陽と月で表現。他のメンバーは羊文学は羊に、アジカンはアジになり地球を回っている。

063 『ダイアローグ』ジャケット

2020 ©Ki/oon Music

隔たるものを海に例え、僕とあなた、日本と海外の対話のむずかしさやたいせつさをテーマにした楽曲をそのままイラストに。巨大な島にボートは辿り着けるのか。

064 タイトル一覧

©Ki/oon Music

曲名の文字、実はフォントではなく全部毎回僕が書き起こしていました。『踊って愛を～』は当時書いていなかったので、今回新たに書き起こしました。

066 バンドロゴ一覧

©Ki/oon Music

主にCDやツアーTシャツなどで使用されたバンドロゴ。文字が絵になっていることが強引に見えないように。ザ・モンキーズのギターロゴには勝てません。

068 『リライト』オリジナルリメイク

2020

ぬりえ集「COLOR ME, too」のために描き直した線画に、今回せっかくなので色をつけてみました。模様的だった虎が少しかっこよく。ぜひ見比べてみてください。

069 『ワールドアパート』オリジナルリメイク

2020

こちらもぬりえ集「COLOR ME, too」収録の線画に色をつけたもの。特にチンパンジーのかたちや毛の生え際の間違いを修正できてよかった。

070 『AKG presents NANO-MUGEN COMPILATION』ジャケット

2005 ©Ki/oon Music

ライブイベント「NANO-MUGEN FES.」は世界中のバンドが集まるので、シンボルキャラクターも東洋と西洋の幻獣を合わせた姿に。これは"鳳凰"と"フェニックス"。

071 『AKG presents NANO-MUGEN COMPILATION 2006』ジャケット

2006 ©Ki/oon Music

2006年版は中国神話の"麒麟"と西洋神話の"ユニコーン"を合体。

072 『AKG presents NANO-MUGEN COMPILATION 2008』ジャケット

2008 ©Ki/oon Music

2008年版はヒンドゥー教の"ガネーシャ"とギリシャ神話の"カプリコーン"。神さまはほとんど性別はないが、それまで男性的だったので女性的に。

073 『AKG presents NANO-MUGEN COMPILATION 2009』ジャケット

2009 ©Ki/oon Music

『サーフ ブンガク カマクラ』期に行われたイベントだったので、鎌倉の"狛犬"と"グリフィン"。これまでで1番力強いキャラクターにしてイベントの成功を見守りました。

074 『AKG presents NANO-MUGEN COMPILATION 2011』ジャケット

2011 ©Ki/oon Music

西洋神話の双頭"オルトロス"、片方が日本のおいなりさん、もう片方がエジプトの"アヌビス"に。背中のベルトは古代エジプト文字で"ナ・ノ・ム・ゲ・ン"。

075 『AKG presents NANO-MUGEN COMPILATION 2012』ジャケット

2012 ©Ki/oon Music

これは"麒麟(ヒキュウ)"と呼ばれる中国の伝説上の生き物と、"キマイラ"というギリシャ神話の生き物を合体。凛々しい表情。足元にアンプと比べて大きさはこれくらい。

076 『AKG presents NANO-MUGEN COMPILATION 2014』ジャケット

2014 ©Ki/oon Music

これは、西遊記の孫悟空(京劇バージョン)に扮したアフリカのワオキツネザル。こだわりは6本の弦の太さと形状。果たしてミニチュアの地球なのか巨大なギターなのか。

077 『映像作品集 2巻 Live at 武道館＋』DVDジャケット

2005 ©Ki/oon Music

中国の四神のうち、Tシャツに"青龍"(画集「Blue」035参照)、『リライト』で"白虎"を描いたので、今回は"玄武"。甲羅は武道館の屋根に。絡みつくヘビは縁起のいい白蛇に。

078 『映像作品集 3巻 Tour 酔杯 2006-2007 "The start of a new season"』DVDジャケット

2007 ©Ki/oon Music

横浜アリーナでのライブが収録されているので、横浜中華街の上をアンプの筋斗雲に乗って飛ぶ京劇の孫悟空。如意棒はギター、尻尾はシールドに。

079 『映像作品集 5巻 〜live archives 2008〜』DVD ジャケット

2009 ©Ki/oon Music

ちょうど『ファンクラブ』『ワールド×3』『まだ見ぬ〜』『サーフ〜』の総決算ライブ集なので、それらのアルバムジャケットを1枚にまとめた内容に。

080 『映像作品集 6巻 〜Tour 2009 ワールド ワールド ワールド〜』DVD ジャケット

2009 ©Ki/oon Music

『サーフ ブンガク カマクラ』のライブ映像なので、CDとは違う側面で横浜を捉えました。メンバーをパンダ化。江ノ電のおもちゃの中にもメンバー4人が。

081 『映像作品集 9巻 デビュー10周年記念ライブ 2013.9.14 ファン感謝祭』DVD ジャケット

2014 ©Ki/oon Music

デビュー10周年記念ライブを、会場の横浜スタジアムより大きな胡蝶蘭を描き、イラストで祝福。夕方から夜にかけての空が美しかった9巻には再び"青龍"を。

082 『映像作品集 10巻 デビュー10周年記念ライブ 2013.9.15 オールスター感謝祭』DVD ジャケット

2014 ©Ki/oon Music

そして、雨上がりの空が美しかった10巻には"朱雀"を描きました。10年で四神が揃いました。これまでとこれからがたくさん詰まった、思い出深い作品です。

083 『映像作品集 13巻 〜Tour 2016-2017「20th Anniversary Live」at 日本武道館〜』DVD ジャケット

2017 ©Ki/oon Music

結成20周年を『リライト』の2人の成人式に。他にもトキ、コンゴウインコ、ウスバカゲロウ、トカゲ、そして着物の柄もこれまでのジャケットに登場したものです。

- -

ゲントウキ

084 『鈍色の季節』ジャケット

2003 ドリーミュージック

デビュー前の「ギター、ベース、ドラムでピアノの音を作りたい」という発言を絵に。出る音は純潔なユニコーン。男の子は Vo. 田中氏が影響を受けた漫画誌ガロの世界。

086 『素敵な、あの人。』ジャケット

2003 ドリーミュージック

あの人とは夢を食べるバク?夢見る少女?あれは空?海?と、よく見ると歌詞通り頭が回る狂気。また同時期のアジカン『君という花』とワンピースと構図で兄弟的作品。

088 『いつものように』ジャケット

2003 ドリーミュージック

いつものような日常を君と編んでゆく行程こそ何より愛おしく美しいというテーマを絵に。こちらも偶然、アジカン『ソルファ』と対のよう。あちらが太陽ならこちらは月。

090 『満たされて心は』ジャケット

2004 ドリーミュージック

乾いた心を優しく満たしてくれる雨の唄。曲調からヨーロッパ風の街並みに、雨で遊ぶイルカ。折り返すと Vo. 田中氏のシルエット。煙草は喉に悪いからもうやめたとのこと。

092 『幻燈名作劇場』ジャケット

2007 ドリーミュージック

ベスト盤は彼らのホームタウンだった大阪の新世界を、文字通り少し未来の新世界風に。ラムネ瓶を覗く想像力さえあれば、どんな名作劇だって見えるのだろう。

093 『幻燈名作劇場』挿絵

2007 ドリーミュージック

Vo. 田中氏がこよなく愛するネコ科。その最大であるトラを手懐け散歩させている様子。きちんとスコップとエチケット袋を持っているがたぶん入らない。

094 『幻燈名作劇場』挿絵

2007 ドリーミュージック

バンド名の由来は鈴木翁二さんの漫画作品「幻逃記」。昔のプロジェクターの呼び名は「幻灯機」。「厳冬期」という言葉も。ベスト盤なのでそれ全てを描きました。

095 『誕生日』ジャケット

2016 ビクターエンタテインメント

誕生日ケーキに模した女性と収録曲全てのモチーフ、前作から約10年ぶりにリリースされたことへの祝福を、イラストレーターと同時に友人として1枚に詰め込みました。

さだまさし

096 『天晴〜オールタイム・ベスト〜』ジャケット

2013 ©U-CAN,Inc.

さださんの音楽活動40周年とコンサート4000回目記念のベストアルバム。このジャケット完成後、感想を込めて「天晴」という題になったこと。ファン冥利に尽きます。

097 『天晴〜オールタイム・ベスト〜』中ジャケット

2013 ©U-CAN,Inc.

ジャケットでは、収録曲全体を描いたので、こちらは代表作である『関白宣言』にスポットを当て、さださんの使用楽器であるギターとバイオリンを夫婦に。

098 『天晴〜オールタイム・ベスト〜』挿絵

2013 ©U-CAN,Inc.

老若男女を歌い、あらゆる層から愛されるさださんを絵に。さすがに動物まで…と思いきや、「私は犬になりたい¥490」という名曲や、近年「にゃんぱく宣言」も。

099 『御乱心〜オールタイム・ワースト〜』ジャケット

2016 ©U-CAN,Inc.

さださんのもうひとつの顔"コミックソング"集のため、『天晴』をパロディした内容に。掛け軸のお名前は本当にさださんに書いてもらいました。

セイルズ

100 『Pink』ジャケット
101 『Pink』トレイ

2011 WAIKIKI RECORD

自分のバンド・セイルズのジャケット。絵と音楽は違うものなので、これまで仕事であまり描いたことのないタイプの女性像を描きました。

102 『薫』ジャケット

2013 WAIKIKI RECORD

邦画「サイドカーに犬」が好きすぎて、主人公・薫ちゃんのテーマ曲を勝手に作っていました。ジャケットも曲も、ぜひ映画と一緒にお楽しみください。

103 『YOU』ジャケット

2014 WAIKIKI RECORD

"YOU"で"湯〜"の駄洒落ジャケット。アジカン『フィードバック〜』と同じ銭湯・黄金湯がモデルに。番台のおじさま、おばさま、お世話になりました。

スピッツ

104 『三日月ロック（限定アナログ盤）』歌詞カード

2002 ユニバーサルミュージック

タイトルの通り三段とロックモードだったことに加え、思春期にスピッツを好きな独自性を持った子には、ギターではなくエレキベースを背負わせたかった。

高橋真之介

105 『高橋真之介』ジャケット

2004

Tokyo-mirai・高橋氏のソロ作。全体のテーマであった都会の憂いを淡い色彩に落とし込みました。当時、作家のお姉さまと一緒にグループ展もさせて頂きました。

BEDTOWN

106 『Abstract Documentary Girl』ジャケット
107 『Abstract Documentary Girl』トレイ
108 『Abstract Documentary Girl』盤面

2005

淡々と進む郊外の日常を、社会派ドキュメンタリーばりの角度で切り取る鋭い世界観をそのままに。前進バンドのソフトタッチはアジカンのライブが出会い。

GOMES THE HITMAN

109 『ripple』ジャケット

2005

悲しみを抱きしめた後のような強さをモチーフと色に込めました。少女は「Vo. 山田氏がもし女の子だったら」を想像して。ゲントウキ・田中氏と同じく愛猫家。

ワンノート

110 『ピースフル』ジャケット

2006

純白の世界観を表現するため白い動物のみを。黒い動物のみのアジカン『ファンクラブ』と同じ時期に制作。右手のミスは今収録にあたり修正。

モーツァルト

112 『MOZART TOP20～石田衣良モーツァルト・セレクション～』ジャケット

2006 ユニバーサルミュージック

楽しいモーツァルトを伝えるため、クラシック要素はモチーフのみに留め、おごそかにならないよう心掛けました。側面のヴァイオリンを描くのも楽しかった。

坂本冬美

113 『秋まつり、お月さま』ジャケット

2006 ファイブディー・ラボ

演歌ではなくレゲエ音頭といった趣きのユニークな曲。レゲエのラスタカラーを使って和風を描きました。狐ではなく、月なのでウサギのお面。

つじあやの

114 『COVER GIRL 2』ジャケット

2008 ビクターエンタテインメント

それまで少女的、中性的な印象だったつじさんの大人の女性性にスポット。故郷・京都と活動の場・東京の間で揺れる心を、ピンクの版ズレで表現。

115 『COVER GIRL 2』歌詞カード

2008

古い楽曲のカバー曲が中心だったので、レコード盤になったつじあやのさんの似顔絵。こんなのが出たら欲しいなぁと思って描きました。

モーモールルギャバン

116 『クロなら結構です』ジャケット

2010 ビクターエンタテインメント

ドロドロの青春を爽やかに爆発させる彼らの音楽を表現。この少女は Vo. 矢島氏に、曲にも登場する初恋の相手・ユキちゃんの姿を事細かに聞いて再現。

117 『クロなら結構です』裏ジャケット

2010 ビクターエンタテインメント

収録曲『バンティー泥棒の唄』で逃げた先の風景を想像しました。メンバーの衣装は決して創作ではなく、本当にこんな格好でライブをされてるんですよ。

タイフーン・ミニスターズ

118 『WORLD STANDARD』ジャケット

2009

ピアノとドラムというミニマムな演奏とはとても思えないほど、とびきりカラフルな世界が溢れ出すタイフーン・ミニスターズの魅力を1枚の絵に込めました。

片山メグミ

119 『ブルー』配信 Single イラスト
（映画「海の金魚」挿入歌）

2010

映画「海の金魚」の主題歌なので、帽子を金魚鉢に、背景は映画の舞台・鹿児島の海に。配信限定曲だったので、こうして印刷されたこともうれしいです。

倖田來未

120 『Love Me Back』mu-mo ショップ限定アザージャケット

2011 ©avex music creative Inc.

この絵は曲の内容プラス ED 曲になったドラマ「謎解きはディナーのあとで」の世界観もリンクさせているので、小説版の絵も合わせてお楽しみください。

土井コマキ

121 『FM802 MIDNIGHT GARAGE 10th Anniversary コンピレーション』ジャケット

2012

関西 FM 音楽番組の顔・土井コマキさんによる編集盤。土井ちゃんとは同世代の友人としての付き合いも長いが、10年経っても核のある選曲は圧巻。

Schroeder-Headz

122 『Synesthesia』ジャケット

2014 ビクターエンタテインメント

白と黒だけの鍵盤から、無限の色彩を放つ世界観を描きました。鍵盤の上で踊るバレリーナは、アジカン『踊で愛を〜』の少女が大人になった姿にも見えます。

ROUGH

ラフとは下描きではなく、一度テ
ストで描いてみて、アーティスト
やレコード会社に確認を取るた
めのものなので、ほぼ同じ印象
のものからまったく違うアイデア
まで、完成品と見比べて違いを
お楽しみください。なおアジカ
ンは長年の付き合いでだんだ
んとイメージ共有の誤差がなくなってきた
ため、『マジックディスク』以降はラフなしで
そのまま本描きに挑ませてもらっています

ASIAN
KUNG-FU
GENERATION

01

02

[ASIAN KUNG-FU GENERATION] 01. 崩壊アンプリファー／02. 君繋ファイブエム／03. 君という花／04. リライト／05-07. ソルファ／08 ファンクラブ／09. フィードバックファイル／10. ワールド ワールド ワールド／11. サーフ ブンガク カマクラ

[ASIAN KUNG-FU GENERATION] **12.** 崩壊アンプリファー／**13.** 未来の破片／**14-17.** 君という花／**18.** サイレン／**19.** ループ＆ループ／**20.** 君繋ファイブエム／
21. リライト／**22-23.** 君の街まで／**24.** マジックディスク

25. ブルートレイン／26. ワールドアパート／27-28. ファンクラブ／29. 或る街の群青／30. アフターダーク／31. 転がる岩、君に朝が降る／32-33. 未だ見ぬ明日に／
34. 藤沢ルーザー／35. 新世紀のラブソング／36. ソラニン／37. 迷子犬と雨のビート／[ゲントウキ] 38. 鈍色の季節／39. 素敵な、あの人。

出会い、葛藤、
あのアルバムの制作秘話まで──

中村佑介×後藤正文（ASIAN KUNG-FU GENERATION）

※本対談は2011年「エス」37号および2016年にスタンダードブックストアで行われたトークショーをもとに再編集したものです。

出会いのきっかけ

中村　インディーズデビューしたのが何年だっけ？

後藤　2002年。俺と中村くんもその頃に知り合ってるね。

中村　僕は大学に残って助手をやってた時期だった。その頃はモデルを使って絵を描いていたから、毎回その辺の学生をひっかけてポーズ取ってもらってたのよ。で、ちょうどこの絵を描くときにモデルをやってくれたのが、本田くんっていう音楽好きな子でさ。描きながらいろいろ話してて「今どんなアーティストが好きなの？」って聞いたら「ASIAN KUNG-FU GENERATIONです」って。僕は音楽詳しいつもりだったのに全然知らなかった。「誰それ！？」って。

後藤　あの当時は知ってる人なんてほとんどいなかったからね。関西でライブしたときもチケット売れたの20枚とかで。だからライブをしてもお客さんは全員顔見知りで、だいたい友達になっちゃってた。その中に本田くんもいて。で、中村くんの絵葉書もらったの。「ゴッチさん好き？」って。

中村　本田くんが「アジカンのボーカルの人は、たぶん中村さんの絵が好きだと思う」って言って、後日、僕の絵のコピーを送ってくれていたんだよね。

後藤　俺は、送ってもらった絵を見た時点で「この人に頼みたい」って思ってた。絵を見てすごいピンときたんだよ。どうにかお願いできないかなと思って、ダメもとで聞いてもらったっていう。そしたら意外とOKがでて。

中村　でもそのときはまだ会ってなかったよね。で、どんな人たちなのかなと思って写真を送ってもらったら……。

後藤　その送った写真ってのがすごい（笑）。

中村　もう、どんだけモサいんだよ！　っていう。しかもドラムの潔くんは目の焦点合ってないし。「こんな人たちなの!?」って思って。名前も怪しいじゃない。ジェネレーションはいいとしてアジアンでカンフーよ！　だからパンクかハードコアのバンドなのかなと思ってた。それで、ライブVHSを送ってもらったんだけど。

後藤　無編集のね。

中村　でもVHSも音がガサガサっていうか、ほんと撮りっぱなしだからやっぱりパンクバンドなんだと思って。まだ会ったことない状況で想像が膨らんで、「よくないおクスリきめてる人たちなのか…!?」って疑ってた（笑）。まぁ、そんな感じで始まって、そのあとインディーズで『崩壊アンプリファー』が出て。そのあとすぐにメジャーに出たんだよね。

後藤　そうそう。CDを出してからは早かったね。

このイラストで海を越えたい

中村　でもさ、よくよく考えたらおかしいよね。だって一人のイラストレーターが、ずーっとジャケット描き続けてるバンドってほかにいないでしょ。世界的に見ても。バンドとしては「これからメジャーでやっていく」ってなったときに、ジャケットをどうするかは考えるわけじゃない？　本当にイラストのままでいいのか、とか。

後藤　まず前提として、ジャケットに自分たちが出るのは嫌だったんだよね。いろいろわきまえよう、っていう（笑）。だって、例えばさっき言ってた写真がジャケットだったら、誰も買わないじゃん。

中村　まぁあの写真の場合はね（笑）。でもほら、イラストにしても、もっと具体的じゃなく抽象的な絵の方がジャケット向きかもしれないでしょ。僕の絵って、人物をしっかり描いちゃってるから。

後藤　自分たちの音楽と合ってる合ってないじゃなく、もう単純に中村くんのイラストを「良い」と思ってたんだよ。直感的に「この人には才能がある」と感じたし。そういう人にジャケットを描いてもらえたら、相乗効果が生まれるかも、って考えたんじゃないかな。「ASIAN KUNG-FU GENERATION」って海外の人に聴いてほしくてつけたバンド名で、自分たちの音楽が海を越えたらいいなと思ってたから、中村くんの絵がきっかけになるかもしれないって。過剰に「和」なわけではないけど、日本人にしか描けない絵に見えたし、きっと海外の人が見たらほしくなるんじゃないかと思った。

海外の人に限らず、この絵が好きで買ってくれる人もいるだろう、と考えるくらい「良い」と感じてたんだよ。だからこの人と一緒に何か作品を作っていけたらなって。

中村 そんなふうに思ってくれてたんだ、嬉しいなぁ。海外といえばさ、サンフランシスコに行ったときに『ブルートレイン』のジャケットのコスプレをした子が来てくれてて。

後藤 南米へ行ったら中村佑介の絵をタトゥーにした人がたくさんいたりね。

中村 すごいムキムキの腕に、真逆の線の細い女の子の絵がね（笑）。

後藤 そうそう。自慢げに「どうだクールだろ」みたいな。すごいなと思うけど。

中村 でも最初に思い描いたのはそういうことだったもんね。記号としての絵を、海外まで広がりを持たせるっていう。だから、タトゥーで正解じゃん。

後藤 体に掘りたいとまで思わせるなんてすごいなと思って。

中村 うん、自分でも紙以外に掘りたいとまでは思わないもの（笑）。

後藤 うん。でもそのぐらい浸透してるんだよね。ジャケットの絵も。それはありがたいよね。

中村 ありがたいね。でも正直、僕はアジカンに慣れるまで結構大変だったけどね（笑）。それまで僕が聴いてきたポップスとは全然違う音楽性だったし、「このバンドのジャケットを僕がやる意味はどこにあるんだろう」と割と最近までずっと悩んでた。

後藤 なんなんだろう、ハマりがよすぎちゃった。どれも良かったから。アルバムの『君繋ファイブエム』なんて、本当かっこよかったし。だから、俺は最初からずっと違和感なかったな。

中村 ハマりがよすぎるっていうのね、僕が感じたのはジャケットの評判を聞いてからで。ファンの方が「アジカンのジャケット好きです」っていうのを聞いたから信じられたっていうぐらいで、それまでは絵自体には作者として自信はあったけど、この組み合わせ自体には自信が持ててなかった。4枚目のアルバムくらいまで持てなかったんじゃないかな。全然。

ゴッチが落ち込んでたら僕も落ち込む

後藤 アルバムに関しては『ファンクラブ』あたりからかなりコンセプトが出来てきたから、そのへんは共有するようになったよね。

中村 うん。アジカンのアルバムは、ただ単に「最近作ったのまとめました」的なものではなく、何らかのテーマの元で厳選された曲のまとまりになってるから、ジャケットを描くにあたって、ゴッチに電話やメールで、アルバムコンセプトや歌詞の意味について詳しく聞くようになった。そういうことをしていくなかで、このアルバムのあたりから、これで終わりだからとか、聞いたことじゃないことが返ってくるようになった（笑）。

後藤 解散詐欺ね（笑）。

中村 本気だと思えるぐらい重たい長文が届くから、

「あ、これ本気だ」と思って。たぶんそのときは本当に解散しようと思ってるんだよね。こっから5枚目、6枚目って毎回これが続く。この詐欺が（笑）。

後藤 基本的に毎回出し切りなんで、出し切って、解散だ！と。

中村 ランナーズハイみたいな感じ？ 体からすっぽり抜けるというか。

後藤 アルバムづくりの一番最後にはいつもそういう気持ちになってる。大変なんです、バンドの音楽づくりって。

中村 ソロのほうはないの？

後藤 全くない。

中村 じゃあやっぱり固定メンバーとしてのバンドなんだ。

後藤 ソロは好きなことやってるだけだから。できそうな音楽仲間たちにギャラを払って弾いてもらうから。

中村 バンドはメンバー4名のそれぞれの意見とか演奏をどういうふうに反映させるかとか考えるし、人間同士だからドライになりすぎることもできないしね。

後藤 アジカンで音楽をするってことはメンバーの演奏能力も含めて、あるときは励まし、あるときは尻を蹴り上げ、いろんなことをしながらバンドを転がしていかないといけないから、作曲じゃないところにつかうエネルギーが必要で。消耗するんだよね。すごく孤独な作業にもなりがちで。バンドは大きくなったから、とにかくコントロール不能なことだらけ。俺はほんとにコックピットにいるだけで、でも操縦は自由が効かないの。

なのに、人からのミサイルは全部コックピットに飛んでくるみたいな（笑）。そうなるとちょっとね。でも乗り越えるんだけど。だいたい中村くんに「次はないかもしれない」ってぶっちゃけるときには、「解散するぜ」というよりは「次できるかわからん」みたいな感じだったかな。「最後になるかもしれない」みたいなことはよく言ってたね。1回や2回じゃない。

中村 でもそれは伝わる。楽曲って文面に描かれているものがすべてじゃなくて、そのテンションみたいなものもパッケージされてるから、すっごい明るい曲歌ってるのに聴いたあとに疲れるとか落ち込むとか、そういうのってよくあるじゃない。できるだけASIAN KUNG-FU GENERATIONの音楽を、楽曲だけじゃなくて背景もそうだしメンバーのこともそうだし全部知ったうえで把握したうえで描きたいと思ってるから、ゴッチが落ち込んでたら僕も落ち込む。一緒になってね。すごい落ち込む。でも、最終的にこのリズムみたいなのって似てくるんだよね。一致してくる。

もうアジカンの仕事はできないかも

中村 『ワールド ワールド ワールド』は思い出深いねー。

後藤 これ、俺が最初にビートルズの『サージェント・ペパーズ〜』みたいなコンセプトだって言ったんだよね、たしか。

中村 そうそう。僕も、ビートルズのサイケデリックな時期の音楽とかアートワークは好きだったんだけど、そ

れをどう消化しようかって考えて……。例えば、いまだに『イエロー・サブマリン』のパロディみたいなジャケットって、いっぱいあるじゃん？でも、そういうふうにはしたくないと思ったん

『ワールド ワールド ワールド』

だよね。だって、あれはあの時代特有のサイケデリック感であって、現代の感覚ではないわけだからさ。あれをまんまやったって、ただの六〇年代フォロワーにしかならないじゃない。それで曲を聴きながら、「いまの日本におけるサイケデリック感」ってどんなのだろうって考えていったんだよ。で、最終的に、はじめてコラージュ的な手法をつかった作品になったわけ。

後藤　このアルバムが2008年だね。

中村　もう、かなり神経を使って描いたから、完成したときは力を出し尽くした感があったね。なんでそこまでしたかっていうと、あのアルバムを聴いたとき、「アジカンにとってこれは集大成のような作品なんだ」と思ったからなんだよ。後先考えず、持っているパワーを全部ぶつけているような、そんな感じがした。それで、これは同じくらいのパワーでぶつからないとダメだなと。しかもそっちは4人だけどこっちは1人だからね（笑）。だから、これを描き終わったとき「もうアジカンの仕事はできないかも」って思ったんだよね。だって、アジカンの次の作品がこの延長上でパワーアップしてたら、

僕はきっと力不足になると感じたから。それでこのアルバムが終わったあとに、「ミニアルバムをつくる」って言われたから、そのときにちゃんと最終回の絵を描こうと思ったんだよ。それで描いたのが『未だ見ぬ明日に』。だから、あの絵には今まで出てきた動物たちが一斉に登場していて、しかもお別れをしているような絵になってるの。

後藤　たしかにこれ、完全にお別れの絵だよね。

中村　ていうかね、実はずっとそれまでも「そろそろやめた方がいいのかな」って思うことはあったんだよ。僕自身はやりたいんだけど、アジカンに対する親心的な感じでさ。いくら僕が毎回違うテーマで描いているつもりでも、基本的なタッチが変わらないから、第三者的視点で見たらやっぱり同じに見えて、飽きるんじゃないか、とか。それ以前に僕のジャケットのせいで買わずにきちゃった人もいるかもしれない、とかね。だから、もうやめようかなって毎回思ってた。だからレコード会社の人に依頼がくるたびに聞いてたんだよ。「このまま同じイメージを使い続けるのは危険じゃないですか？」って。あまりにイメージが固定化されてファンの広がりが増えない危険性があるから今回で終わりでもいいんじゃないですかって。

後藤　そのあとに改めて、「やめようと思う」っていう話をされたんだよね。

『サーフ ブンガク カマクラ』で
アジカンと「結婚」した

中村　『未だ見ぬ明日に』のあと、僕はもうアジカンのジャケットは描かないんだなと思って、レコード会社の人にも話をしてた。この絵を描き切ってから僕ほかの絵も描けなくなっちゃって。要は当時の自分の一番いい形が出ちゃったから、これを2、3日でクリアすることはできないし、ほかの本の仕事とかCDの仕事がきても断ってた。今は描けないから半年ぐらいでも待ってください、休みますみたいなことを言ってて。で、その間に何しようかなと思ったときに、もっと自分の表現は生っぽいというか、神経質じゃないところに向かっていきたいなと思っていて。大阪のアートハウスっていうところで300人の似顔絵を描くっていうことをやったんだけど、そういうふうに頭の中ではなくて目の前にあるものを絵にしていくってすごい楽しいな、もう一回絵を描けるかもしれない、って思うようになって。ちょうどそんなときに「聞くだけ聞いてみて」って新しい曲が送られてきたの。それが『藤沢ルーザー』。

後藤　俺は「やめる」って言われて、半ば仕方ないのかなとは思ったんだよ。だって、これだけずっと描いてきてくれて、「出し切っちゃった」という気持ちはすごくよく分かったし。実際この時期、メンバーだってもう出がらしみたいになっちゃってたんだから。

中村　でもね、この『藤

『藤沢ルーザー』

沢ルーザー』がすごい良かったんだよ。パンパンに張りつめていたものを出し切って、フワッと力の抜けた状態っていうのかな。とにかく痛快な作品でね。だからこそ、「また描ける」って思った。今までとは全然違う方にシフトしていたし。

後藤　前の作品が、ものすごい神経質にパズルを組み立てるようなもので、消耗しきっていたからね。もう同じことやってたら死んじゃうなと思って（笑）。だから一旦プリミティブな所に立ち戻って、エネルギーを解放したの。一種のストレス発散みたいな作品だったんだよ、『藤沢ルーザー』は。

中村　この次のアルバム『サーフ ブンガク カマクラ』もそういう感じだったよね。僕がそのとき出したい姿勢にすごく近かった。仕上がりもすごいラフというか、生々しい。

後藤　ほぼ一発録音だからね。

中村　そう、超生々しくて。で、まさに風景画みたいなアルバムだった。自分のやってることとすごい似てたから、「これだったら描ける！」って。

後藤　これがまた、良いジャケットだったなー。俺、特にあの絵はすごい好きなんだよね。湘南の絵だったからさ。それまでのは、どちらかというと内面的なものを表現したような絵だったけど、これは自分たちが暮らしてきた神奈川の風景をばっちり描いている。だから、すごく愛着が湧いたんだよ。はじめて見たとき、「わ、すげえ！　湘南だ！」っていう喜びがあった（笑）。

中村　僕も、このアルバムはすごい面白い作品だと思

う。こういう、地方性を前面に出したものをアジカンがつくった、ということがね。だって、ジャケットにメンバー写真を使わないことからも、それまでわりと匿名性の高い音楽をやっていて、

『サーフ ブンガク カマクラ』

自分たち自身のパーソナルな部分は押し出してはいなかったでしょ。でも、これは「シンガーソングライター・後藤正文」色がすごく強い。なんせ、江ノ電の駅名が曲のタイトルになっているぐらいなんだから。

後藤 駅順にちゃんと並んでるしね。曲が出来たら先に駅名のタイトルを付けて、それから歌詞を書いていくっていうやり方で作ったんだよ、このアルバムは。

中村 なんか日曜日的なアルバムだよね。それまではずっと平日っぽい忙しさがある音楽だったんだけれども。

後藤 『ファンクラブ』は僕が主導で作って、『ソルファ』に比べたら売れなくて。それで次の『ワールド ワールド ワールド』はメンバーが「どうにかしなきゃ」みたいな空気になってて。僕も神経質になっていたし、曲作りしても難しい方に乗り上げてくっていう時期だったんだよね。メンバーもめちゃくちゃ練習してスタジオに来る。洗練されちゃってがちがちになってるから、デモより面白くないなって。自分が好きな感じじゃなくなってた。『ワールド ワールド ワールド』は好きなアルバムだけど、

すごいしんどかった時期。で、『サーフ ブンガク カマクラ』はデモ作って渡して、聞いてもいいけど練習しないでって伝えて、藤沢のスタジオで録音したっていうアルバム。当時は高校生とかに「アジカンめちゃくちゃ演奏下手じゃん」って言われたんだけど、上手く弾かないっていうテーマだったからね。上手いフリしないっていうかね。歌詞とかもなるべくリラックスした感じにした。

中村 「意味ないよね?」って言われたら「うん、意味はないんだ。けどアガらない?」って言い返せるような歌詞だもんね。

後藤 タイトルも、僕の好きなウィーザーの曲で『サーフ・ワックス・アメリカ』っていうのがあるんだけど、その語感をもじって『サーフ ブンガク カマクラ』にして。

中村 『藤沢ルーザー』『サーフ ブンガク〜』あたりで、僕はアジカンと「結婚」したと思ってるの、実は。その前まではまぁ、付き合ってるみたいなもので、毎回アルバム出すごとに「もうやめた方がいいのかも……」とか思ってて。要は「この人にとって、私って何なのかしら。私、この人の足手まといになってるんじゃないかしら」みたいなさ(笑)。

後藤 すごい面白いねその例え(笑)。

中村 「私、去るべきじゃないかしら」ってね。覚悟がなかったと言ったら、それまでなんだけど。でも、ここまで来てようやく分かったんだよ。もう全部ひっくるめて受け入れてくれてるんだって。だから、僕はアジカンがなくなるまでは、何があっても描こうと思った。つまり「結婚」したんです。いまはじめて伝えたけど(笑)。

『ソルファ 2016 Ver. 』で
考えていたことは同じ

中村　『ソルファ』の話はその前の『Re:Re:』のシングルのちょっと前ぐらいから動いていて、「もう一回やろうと思ってる」というのを聞いてたんだけど、これも実に波長が合うというか。僕も再度自分の絵を書き直しときたいなっていう作品が何点かあるんだけどね。といっても、ガラッと変えるとかじゃなくて、同じ方向性でいいものができるなっていうか。そのなかに『ソルファ』のジャケットも入っていた。で、あとで音を送ってもらって聴いてみたら、まさに自分がそのときやりたかったことだったの。僕はソルファの新しいジャケットを描きたいわけじゃなくて、なんていうのかな……今の自分で強くしたっていうか。そういうものを描きたいだけだった。で、実際ソルファはそういう感じになっていて、撮り直しとかするとさ、昔のヒット曲の2016年バージョンでいきなりボサノバになってたりとかあるじゃない。「これじゃないんだよ！」っていう。「なんでバラードになってるの!?」とかね（笑）。それでもいいものはあるけど、そうじゃなくてパッと聴いたときに「そのまんまじゃん！」って思うようなものをもう一回出すっていうことが真面目というか、音楽に真摯だなというか、感動して。新曲で新アレンジみたいなものにこだわらなくても、前と同じ内容なのにそのたびに色が違うし、年取ったら年取ったで味って出てくるものだから。ジャズもそうだしクラシックもそうだし。だからジャケットを描くときも、僕が考え

ていたことと同じだったから制作時間はかかったけど考える時間は全然、すんなりっていう感じ。

『ソルファ 2016 ver. 』

後藤　このジャケットもすごいいいよね。凝ってる。髪型が少し違うとか、ギターが違ってるとか、2004年版と両方持っている人がニヤっとできるような細工が。顔つきとかも違うよね。

中村　ポーズの重心をちょっと直したりもしたね。より気持ちよく見えるように。

後藤　ほんとすごいと思う。いいよね。ビジュアルも全体的にしまるというか。

中村　これを見たあとに昔のを見返したときに、「あれ、こんなんだったっけ？」って思うようなイメージをこころがけた。

後藤　それ思った。

中村　最初「同じ絵じゃん」って思うんだけど、こっちになれてしまうと前のに戻ったときに変な印象を受けるっていうのをやりたいなと思って。多分楽曲も同じだよね。これを聴いたときに「昔のほうがいいじゃん」っていう人が戻って聴いてみたら、「あれ……そうでもないか？」ってなるような完成度になってると思う。そういうふうに意図しているというか。

後藤　味覚とかと同じで、「まずい店の方がいいんで

す」っていう人もいるし、それはその人にとって美味しさってことだから否定的な気持ちはない。でも俺としては新しい『ソルファ』のほうがいいと思うし、技術に関していえば絶対に上だと思うんだけど、2004年のほうが若々しくて好きだっていう人がいたら「そりゃそうだよ！」って思うし。若いからできた無鉄砲なこともあるし。曲の構造自体は変わっているからね。

中村　曲順変わってるしね。

後藤　そう。2004年が自分の青春真っただ中で、2004年の『ソルファ』を毎日聴いてたって人にとっての、受け入れられない気持ちもよく分かる。でも、このアルバムって何十年もみんなが手に取ったりする作品なんじゃないかって。というか、そうなりたくて作ったのもあったからね、ずっとレコード屋に並ぶアルバムみたいな。そういう意味でスタンダードなものになっていてほしいと思ってる。挑戦的ではあるけどね。

中村　アルバムまるごとリメイクってゲームや映画以外じゃなかなか聞かない話よ。

後藤　周りの反応もそんな積極的じゃなかったよ。「まじで？」「1曲2曲でよくない？」って感じで。でも僕はアルバム1枚取り直したかった。やってる人もいないし。大変だなとは思ったけど、リラックスしてやってほしかったから、メンバーには「何も変えなくていい」って言って。ただ演奏すればいいよって。今の自分の体で昔の曲を演奏してみて、直感的に体が嫌だと思ったところを直す、それぐらいでいいって。あとなんとかするからって。で、何とかしたんです、コーラスワークとか。嬉しい

ことにジャケットも自分のやってることと競うように、ガラッと変わってないけどディティールが確実に違うし。面白いなって。やっぱスゲーなと思った。正直。

中村　そっか（笑）。ありがとう。

アジカンがある限り、僕らの関係は続いていく

中村　アジカンって毎回ほんとフルパワーなんだよね。それが伝わってくるから、こっちも「全力で描くしかない！」っていう気持ちになる。だから、よくサイン会でファンの人から「アジカンでどの曲が好きですか？」って聞かれるんだけど、答えられないんだよ。「あの曲より、この曲の方が○○だから良い」みたいな目線では全く見られないもん、もはや。一緒につくり続けているという感覚があるから、そのとき最新の曲が一番好きなんだよね。でも、昔から比べると全然違うよね。大人になったよねぇ〜 (笑)。ロックバンドが「大人になる」って良くないことだと思われたりもするけど、本当はそうじゃなくてさ。丸くなったんじゃなく、大きくなったんだと思う。最初の頃は、ゴッチ自身が持っている悩みや不満、そういう内面のことを音楽にぶつけていたような感じがあったけど、だんだんメッセージを伝えたい「対象」が見えてきて、自分以外の所に広がっていったような感じ。「もう俺のことはいいから」みたいな。それで今は「お前に言ってるんだぞ！」っていうはっきりした相手がいる。それって、すごくカッコイイと思う。

後藤　「昔の方が良かった」とか「丸くなった」とか言われちゃったりするけどね。でも、丸くなんてなってないし、むしろどんどん過激になってると思う（笑）。ただ、もう「新必殺技」みたいな感じではなくなってきてるかな。もちろん新しいことをやろうとはしているけど、昔みたいに、半ば気が狂ってるような状態で曲をつくることはないのかも。もっと、楽しんでやっているからね。あと、大人になってリリースペースもゆっくりになってきたんで、お互い無理せず続けていこうね（笑）。

中村　そーだね（笑）。まぁ今後も、僕らの関係が続いていくのは間違いないけど、お互いに変化はしていくじゃない。昔とは違うビジョンが見えてきて、アジカンの音楽はどんどん大きくなっているわけだから、僕もそれに対応していきたい。それで、一緒にもっと「広い」ものをつくっていきたいな。広いものって、その分「浅い」と思われがちだけど、それこそビートルズのように、深いままで子供からおじいちゃんおばあちゃんまで伝わるような。ゴッチはどう？　今後について。

後藤　俺は、そんなに先のことって考えてないけど……。今の時点で、もう既に面白いことを一緒にやってこれているんじゃないか、という自信はあるんだよね。だから、これからも変わらず良い音楽つくって、中村くんにジャケット描いてもらって。それを続けていけたらいいのかなって思う。あとは、中村くんが〆切に間に合わせてくれさえすれば（笑）。

中村　あ、はい……。了解です（笑）。

撮影：今倉裕博

あとがき

僕が青春を送った90年代は、インターネットはまだ一般的ではなく、CDショップの視聴機に入っていないほとんどの音楽を、ジャケットのみを手掛かりに、数時間かけて1枚、決死の覚悟で選んでいました。家に帰って再生すると、良くも悪くもほとんどの勘が外れた中、信藤三雄さんによるフリッパーズ・ギター、木村豊さんによるスピッツ、小田島等さんによるサニーデイ・サービスのジャケットは、中の音楽の印象がまったく同じで、再生が終わったあとも気付かずに眺め続けていたほどでした。いつしかそれは憧れとなり、仕事になりました。

その後のことをこうして一冊で振り返ってみると、こんなにも長い間ひとつの仕事をさせてもらっていたのかと、ミュージシャン、レコード会社関係者、そして何よりリスナーの皆さまへ感謝するとともに、こんなにもたくさん描いていたのかと、自分でも驚きました。あなたも懐かしくなったり、新たな発見もあったかもしれません。しかし更に驚くべきは、制作において、実はどのミュージシャンからも「こんな風に描いて」という注文を受けたことがなかったことです。ありがたいことに。つまりここに収録されている絵の奥には、僕がそれぞれの音楽を聴いたそのままの感想がビッシリと書いてあることになります。だから、「あ、これ好きかも」という絵が見つかったなら、収録された音楽にも同じことを感じることでしょう。

2021年、いまは情報が溢れすぎてやはり何を聴けば良いのか迷う時代。このジャケットたちの中から新たにPLAYボタンを押すきっかけが見つかりますように。あの頃CDショップで立ち尽くしていた僕にも届きますように。

2021年　春　イラストレーター

中村 佑介

I▷LAY

YUSUKE NAKAMURA
CD ARTWORKS 2002-2021

中村佑介（なかむらゆうすけ）

1978年生まれ、兵庫県出身のイラストレーター。大阪芸術大学デザイン学科卒業。
ASIAN KUNG-FU GENERATION、さだまさしなどの CD ジャケット、『夜は短し
歩けよ乙女』『謎解きはディナーのあとで』、音楽の教科書などの書籍カバー、浅田飴、
ロッテのチョコパイなどのパッケージほか、数多く手掛けるイラストレーター。ほかにも
アニメのキャラクターデザイン、ラジオ制作、エッセイ執筆など表現は多岐にわたる。
画集『Blue』『NOW』は13万部を記録中。教則本『みんなのイラスト教室』、ぬりえブック
『COLOR ME』『COLOR ME,too』も好評発売中。

PLAY（プレイ）

2021年5月2日　第 1 刷発行

著者	中村佑介
発行者	沼田洋介
発行所	株式会社飛鳥新社
	〒101-0003　東京都千代田区一ツ橋2-4-3 光文恒産ビル
電話	03-3263-7770
URL	http://www.asukashinsha.co.jp/
協力	有限会社スペクトラム・マネージメント
装丁・デザイン	前川景介（room-composite）
印刷・製本	株式会社廣済堂

編集担当　中野晴佳